DNA DesignStudio 정품 인증 마크

DNA DesignStudio에서 디자인/제작한 제품이란 것을 인증하는 마크입니다. 오리지널 마크로 유사 상품과는 다른 차별성을 지니고 있습니다.
이 로고를 확인하여 DNA DesignStudio에서 제작한 정품임을 확인해 주세요.

저자 소개

DNA디자인스튜디오

DNA디자인스튜디오는 '세상에 없던 유니크한 즐거움~ㅐ!'을 모토로 모두가 즐거워할 수 있는 콘텐츠를 기획하고 디자인합니다.
디자인의 긍정적인 기능으로 인해 많은 사람들이 삶에 가치를 더하기를 기대합니다.

독창적인 디자인 스타일을 기반으로 새로운 시도에 앞장서며 브랜딩, 콘텐츠 개발, 상품 개발, 출판 등 다양한 분야의 콘텐츠 개발 프로젝트를 진행하고 있습니다.
특히, 데코폴리 브랜드는 폴리곤아트를 이용한 상품군으로 다양한 각면이 빛의 방향과 색에 따라 오묘하게 달라지는 느낌을 표현하여 다양한 제품과 콘텐츠에 담고 있습니다. 인테리어 소품으로 많이 사용되며, 나의 공간을 보다 감각적이고 센스 넘치는 공간으로 재탄생 시켜 줄 것입니다.

이 책을 읽기 전

스티커 컬러링 북을 소개합니다.

DNA디자인스튜디오는 '세상에 없던 유니크한 즐거움'을 모토로 개발자와 고객 모두 즐거울 수 있는 제품을 개발하고 있습니다. 어떤 요소가 소비자로 하여금 즐거움을 이끌어낼 수 있을까 고민하다가 '스티커 컬러링 북'이라는 아이템을 개발하게 되었습니다.

바쁜 일상에 지쳐 훌쩍 여행을 떠나고 싶을 때가 있나요? 스티커 컬러링 북을 체험하며 사사로운 감정과 생각에서 멀어져 아트의 세계로 빠져보세요. 풀, 가위, 칼과 같은 별도의 준비물이 필요 없어 책 한 권만 있으면 언제 어디서든 힐링을 즐길 수 있으며 금세 여행을 떠난 듯 휴식을 취할 수 있습니다.

이런 분들에게 추천해요!

어린이 / 청소년
스티커를 떼었다 붙였다 하며 손가락을 움직이기 때문에 소근육을 자극해 **두뇌향상**에 도움이 되며 성장기 아이들에게 추천합니다.

초·중 교육기관, 청소년수련관, 아동복지센터 등에서 교구/체험활동/선물로 많이 사용됩니다.

성인
일상에 지쳐 힐링 아이템을 찾고 있는 **직장인**, 친구와 공유할 취미를 찾고 있는 **대학생**, 애인과 함께 추억할 아이템을 찾고 있는 분, 집에서도 즐거운 집순이 집돌이, 아이와 함께할 놀이를 찾고 있는 **부모님**, 태교 선물 등 **취미, 힐링템**을 찾고 있는 분들에게 추천합니다.

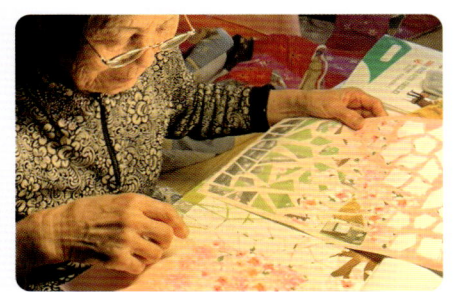

노인
퍼즐 맞추기, 같은 숫자 찾기, 색감 맞추기 등 **치매예방**에 좋은 활동이 **책 한 권**에 들어있어 시니어 분들에게 추천합니다.

노인복지회관, 건강증진센터, 요양병원, 보건기관 등에서 많이 사용됩니다.

이렇게 활용해봐요!

내 손으로 직접 완성한 작품은 인테리어 소품으로 활용할 수 있으며 공간을 더욱 화사하게 만들어 줍니다.
조각조각 스티커를 붙이며 아트에 생기를 불어넣고 나의 일상에도 행복을 채워보세요.

#스티커컬러링북 #취미 #힐링 #베스트셀러 #책추천 #교구 #아트테라피
#컬러테라피 #집콕놀이 #집순이 #집돌이 #선물 #태교선물 #치매예방 #DIY

같이 사용하면 좋아요!

핀셋
손으로 붙여도 큰 어려움 없이
붙일 수 있지만 핀셋을 사용하면
더 쉽고 정교하게 붙일 수 있어요.

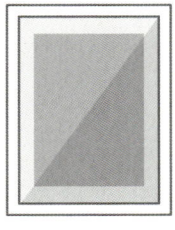

액자
액자를 사용하면 안전하고 깨끗하게
더 오래 보관할 수 있어요.

CONTENTS

- 01 **Sphynx** 스핑크스
- 02 **Norwegian Forest** 노르웨이숲
- 03 **Russian Blue** 러시안블루
- 04 **Turkish Angora** 터키시앙고라
- 05 **American Shorthair** 아메리칸숏헤어
- 06 **Persian** 페르시안
- 07 **Siamese** 샴
- 08 **British Shorthair** 브리트시숏헤어
- 09 **Ragdoll** 랙돌
- 10 **Bombay Cat** 봄베이
- 11 **Korean Shorthair** 코리안숏헤어
- 12 **Bengal** 뱅갈

CONTENTS

귀엽고 사랑스러운 모습, 통통 튀는 매력을 가진 고양이와 로우 폴리곤 아트의 조화로운 12가지 아트웍!
난이도를 확인하여 작품을 골라 주세요. 번호에 맞게 스티커를 붙이면 어느덧 나만의 멋진 작품이 탄생합니다!
사랑스러운 우리의 고양이를 조각조각 완성해보세요!

01 Sphynx 스핑크스
큰 눈과 큰 귀, 털이 거의 없는 독특한 외형을
가지고 있으며 낯가림이 적고 활발한 고양이입니다.

02 Norwegian Forest 노르웨이숲
노르웨이의 숲에서 자연적으로 발생한 종입니다.
풍성한 털과 상냥한 성격을 가지고 있습니다.

03 Russian Blue 러시안블루
은회색 빛의 털을 가지고 있습니다. 낯을 가리지만
한 번 친해지면 애교가 많아집니다.

04 Turkish Angora 터키시앙고라
터키의 옛 수도 앙고라를 고향으로 가진 상냥하고
조용한 성격의 고양이입니다.

05 American Shorthair 아메리칸숏헤어
미국의 대표 고양이입니다. 차분한 성격을 가지고
있으며 가족들에게 애착을 보입니다.

06 Persian 페르시안
길고 풍성한 털을 가지고 있습니다. 모든 사람들과
쉽게 친해지는 친화력을 가지고 있습니다.

07 Siamese 샴
크림색 털을 바탕으로 얼굴과 다리, 꼬리에 짙은 색의
털을 가지고 있으며 사랑을 받는 것을 좋아합니다.

08 British Shorthair 브리티시숏헤어
크고 동그란 머리에 신사적인 성격을 가지고 있으며
혼자서도 잘 노는 독립적인 고양이입니다.

09 Ragdoll 랙돌
들어 안았을 때 인형처럼 축 처진다 하여 랙돌이란
이름을 가지고 있으며 온순한 성격을 가지고 있습니다.

10 Bombay Cat 봄베이
인도에 서식하는 흑표범을 닮았다 하여 봄베이라 불립니다. 흑표범다운 활동적인 성향을 보여줍니다.

11 Korean Shorthair 코리안숏헤어
일상 속에서 친근하게 볼 수 있는 한국의 토종 고양이로, 야생성과 사냥 본능을 가지고 있습니다.

12 Bengal 뱅갈
집고양이와 야생 삵의 교배로 탄생한 품종으로 많은 활동량을 가지고 있습니다.

보태니컬 아트와 고양이의 조화로운 로우폴리곤 아트웍

이 책은 로우 폴리곤 기법을 활용한 스티커 컬러링북 시리즈 '고양이' 입니다. 12개의 아트웍으로 구성된 사랑스러운 고양이들의 모습을 만나볼 수 있습니다.

붙임성 좋고 애교 많은 아메리칸숏헤어부터 우리 주변에서 친근하게 볼 수 있는 코리안 숏헤어, 영리한 샴 등 12마리의 고양이를 꽃과 함께 화(花)사한 아트웍으로 표현했습니다.

도구 없이 언제 어디서든 컬러링 할 수 있는 간편함과 인테리어 소품으로 사용이 가능한 실용성까지! 12개의 아트웍 중 마음에 드는 것을 골라 순서대로 스티커를 붙여 나가다 보면 멋진 작품이 탄생합니다. 보기만 해도 기분이 좋아지는 고양이들에게 생기를 불어넣어 주세요!

간편하게 즐길 수 있는 방법

01 작품 선택
로우 폴리곤 아트웍 12마리의 고양이 중 원하는 그림을 고릅니다. 아트웍 시트마다 스티커 조각 수가 달라 처음에는 스티커 조각이 적은 순으로 시작하면 좋습니다.

02 스티커 찾기
아트웍과 같은 스티커를 찾아 떼어 낸 다음 같은 번호 끼리 차례로 붙여줍니다. 스티커를 붙일 때 중앙에 맞게 붙이면 더욱 깔끔한 작품이 완성됩니다.

03 작품 완성시키기
12가지의 완성된 작품은 인테리어 장식 포스터로 활용이 가능합니다. 예쁘게 장식해 보세요!

Sphynx | 스핑크스

Russian Blue | 러시안블루

Turkish Angora | 터키시앙고라

American Shorthair | 아메리칸숏헤어

Persian | 페르시안

Siamese | 샴

Ragdoll | 랙돌

Bombay Cat | 봄베이

Korean Shorthair | 코리안숏헤어

Bengal | 뱅갈

스티커 컬러링 북
Sticker Coloring Book
동물2
Animal Polygon Artwork

*스티커 컬러링 북 신규 서적 '동물2'

데코폴리 스티커 컬러링 북과 함께 해요

휴식과 힐링을 원하는 당신에게 드리는 작은 선물!

로우 폴리곤 아트를 활용한 다채로운 이미지를 통해 조각조각 입체적인 세상을 만나볼 수 있습니다. 각 12개의 아트웍으로 구성되어 있으며, 도안에 적힌 번호 순서대로 스티커를 붙여나가다 보면 어느덧 멋진 나만의 예술작품이 완성됩니다.

DNA디자인스튜디오의 '데코폴리 스티커 컬러링 북 시리즈' 를 통해 일상에 새로운 재미를 선물해보세요!

#컬러테라피 #안티스트레스 #스티커 #컬러링북 #귀여운 동물 #동물농장 #반려동물

데코폴리 스티커 컬러링 북 시리즈

      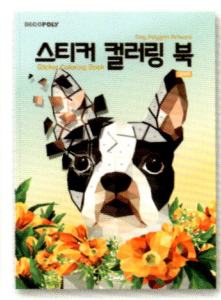

새　　　동물　　　바다 생물　　　조선 왕실　　　제주 풍경　　　제주 랜드마크　　　강아지

     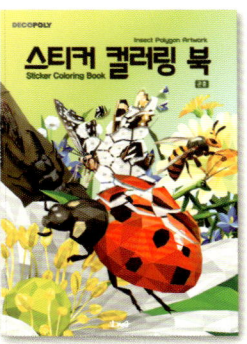

고양이　　　공룡　　　우주　　　플라워　　　세계랜드마크　　　곤충

광주 풍경　　　전설의 동물　　　한국 전통 의복 : 한복　　　세계 풍경　　　명화　　　동물2

DNA디자인스튜디오의 데코폴리 스티커 컬러링 북이 다양한 시리즈로 출시될 예정이니 앞으로도 많은 관심 부탁드립니다.

꽃과 고양이의 묘한 매력, 스티커 컬러링 북 고양이

데코폴리 스티커 컬러링 북, 이렇게 활용해요!

나의 공간을 화려하게 만들어 줄 '데코폴리 스티커 컬러링 북'
1. 도안에 적힌 순서대로 스티커를 붙여 그림을 완성시켜줍니다.
2. 멋진 예술 작품이 된 그림을 잘라 원하는 곳에 붙여주거나, 액자에 넣어 벽면에 걸어주세요.
3. 나의 방, 거실, 카페 등 전시했을 경우 아름다움은 두 배가 됩니다.

우아하고 아름다운 고양이들에게 내 손으로 생기를 불어넣는 재미!

직접 만들어 인테리어 소품으로 활용하는 스티커 컬러링 북!
12개의 아트웍 중 몇 가지를 골라 나만의 스타일로 조합해 허전한 벽면을 채워주세요!
광이 나는 도면과 무광의 스티커가 만나 입체적이면서 고급스러운 느낌이 납니다.

*활용 예시 이미지입니다.

스티커 컬러링 북 구매 고객님들의 실제 사용후기!

DNA디자인스튜디오는 고객님들의 이야기를 항상 듣고 있습니다.
실제 사용 후기를 댓글로 남겨주신 금손 고객님들께 감사드립니다.
앞으로도 저희 DNA디자인스튜디오는 새롭고 특별한 즐거움을 드릴 수 있도록 노력하겠습니다.
스티커 컬러링 북과 함께 좋은 시간 보내시길 바라며, 앞으로도 많은 관심과 기대 부탁드립니다. 감사합니다!

스티커 컬러링 북 시리즈를 체험하신 고객님들의 **생생한 후기**를 함께 보실까요?

< 받기 검색

hyun *
나처럼 일일이 그라데이션 넣고 명암 넣어서 오히려 힐링이 일 같은 느낌이 되는 사람, 색칠하는게 귀찮거나 부담스러운 사람에게 매우 추천한다.

js *
도안에 적힌 순서대로 스티커만 붙이면 완성되는 완성도가 높지만 난이도는 낮은 좋은 작품이다!

loui *
집콕아이템으로 좋고 완성 후 인테리어 소품으로 활용하기 좋아요!

hello *
집중력 최고! 우리 아이들 선물로 추천해요!

ineedu *
요즘 피폐해진 정서를 위해 구매한 컬러링북. 혼자하긴 힘들어서 여자친구랑 함께 힐링 중입니다!

nanj *
번호에 맞춰 붙이기만 하면 되니 색연필 준비 없이 할 수 있어 좋아요. 스티커를 붙이며 아이들 집중력 키우기에도 좋아요!

hj_j *
5세 아이가 스티커북을 너무 좋아해서 이것저것 많이 시켜봤는데 이건 완성했을 때 퀄리티가 상당히 좋으네요~ 액자에 넣어서 걸어놔도 될 정도로 이뻐요.

from_you *
대인의 스트레스 해소로 요즘 컬러링북을 많이 하는데 막상 물감이나 색연필로 하기엔 귀찮을 때도 있었다.
그러나 데코폴리 스티커 컬러링 북은 스티커라서 매우 편리했고, 짧은 시간 동안 집중을 할 수 있기 때문에 좋았던 거 같다.

eun_ *
완전 재밌는 스티커북이에요~! 성인이나 아이 모두에게 추천합니다!! 일반 성인 스티커북은 단순히 그림 모양을 붙이지만 데코폴리의 스티커 컬러링북은 그림을 그리면서 필요한 음영, 명암, 입체감 거기에 각져있는 모습까지.. 진짜 한 장의 멋진 그림을 만들어낸 것 같아요!
그림 재질도 스티커의 재질도 너무 부드럽고 고급지고 컬러도 부드러우면서 필감이 있어 그림이 더 멋지게 보여요~

qufrjfe *
수개념, 소근육 발달에 좋고, 무엇보다 아무 생각 없이 무언가에 집중할 수 있어서 좋고 바다생물에 대한 간략한 설명이 나와있어서 아이에게 설명해주기 좋아요!

jyj7 *
나이 상관없이 누구나 만들기 쉽고, 집에서 취미활동으로 즐기며 할 수 있어서 더 좋았습니다ㅎㅎ

li *
퀄리티가 좋습니다. 6세 아이 친구들이 놀러와도 같이 앉아서 집중해서 같이 할 수 있어 적극 추천합니다.

tina *
태교용으로 주문했는데 집중도 잘되고 완성하고 나면 이뻐요.

*본 페이지의 후기글은 신제품 출시에 맞춰 상시로 바뀝니다.